Ruthe

Freude am Leben und Lernen

Reinhold Ruthe

Freude am Leben und Lernen

Wie bequeme Kinder aufgeweckt werden

Herder Freiburg · Basel · Wien

In diesem Werk sind Teile aus dem Band 520 der „Herderbücherei" verwendet, der unter dem Titel „Faulheit ist heilbar" erschien.

Illustrationen: Walter Grieder, Basel

Herstellung: Freiburger Graphische Betriebe 1978
ISBN 3-451-18066-9

Inhalt

Vorwort

Viele Eltern stöhnen: „Wir sind mit einem Kind bestraft, das die Schule verwünscht."

„Unser Kind hat keine Freude am Lernen, es fühlt sich in seiner Haut nicht wohl."

Genau das ist der Zusammenhang. Freude an der Schule haben heißt, sich in seiner Haut wohl fühlen. Sich in seiner Haut wohl fühlen heißt, am Leben Freude haben. Wer nicht wenigstens ein bißchen Vergnügen am Lernen entwickelt, ist unglücklich. Nicht umsonst klagen viele Kinder: „Mir macht *alles* keinen Spaß mehr!"

Unser Leben ist ein Ganzes. Wer auf einem Sektor todunglücklich ist, kann sich schwer auf einem anderen von Herzen freuen.

Es gibt eine Reihe Aussprüche, die Eltern und Erziehern zu denken geben müssen:

„Mir steht die Schule im Hals!"

„Die ganze Schule ist Mist!"

„Schule und Schularbeiten können mir gestohlen bleiben!"

Eltern und Erzieher sind ratlos. Sie zerbrechen sich den Kopf.

Sind Desinteresse und Lustlosigkeit seelische Störungen?

Wo kommen sie her?

Ist Gleichgültigkeit angeboren?

Stecken hinter mangelndem Ehrgeiz und Faulheit Bosheit und Trotz?

Sind Bequemlichkeit und Desinteresse Mangel an Begabung?

Sind die unablässigen Reformen, Schichtunterricht, Lehrermangel, übergroße Klassen und Leistungsdruck daran schuld?

Bequemlichkeit, Faulheit, Desinteresse und Gleichgültigkeit sind kein unabwendbares Schicksal. Kein normales Kind ist von Hause aus faul oder interesselos. Wenn aber doch, entwickelt es unbewußt eine kräftige Abwehr, lehnt sich gegen Eltern und Lehrer auf und sabotiert die Schule. Eltern und Kinder müssen klären, was in dem betreffenden Kind vorgeht.

– Wie konnte sich eine Lernblockade entwickeln?
– Was hindert die Konzentration?
– Vor was sucht das Kind auszuweichen?
– Was bezweckt es mit Bequemlichkeit, Faulheit, Desinteresse und Gleichgültigkeit?
– Warum hat es keine Freude am Lernen und am Leben?

Hier wird der Versuch unternommen, die typischen Merkmale des lustlosen und interesselosen Kindes zu untersuchen. Welche Lebensumstände und erzieherischen Praktiken haben das Kind freudlos werden lassen?

Wir haben das Ergebnis von Familienberatungsgesprächen zusammengefaßt. Eltern *und* Kinder werden angehört. Mit Eltern und Kindern werden gemeinsam Fehler aufgedeckt, neue Wege besprochen und Lösungen erarbeitet. Diese Schrift ist als praktischer Ratgeber gedacht, der die Freude am Lernen und damit die Freude am Leben erhöhen möchte.

1

Faulheit ist lernbar

Das klingt verrückt, stimmt aber unbedingt. Der Titel dieses Abschnittes ist mehr aus Zufall als auf bewußte Weise zustande gekommen. Vor einigen Monaten war ich in der Schweiz und hatte Vorträge über das Thema Faulheit zu halten. Eine schweizerische Eltern- und Familienzeitschrift hatte einen Artikel von mir abgedruckt und auf die Vorträge hingewiesen. Statt des Titels, den ich angegeben hatte, „Faulheit ist *heilbar*" war in dicker Balkenüberschrift zu lesen: „Faulheit ist *lernbar*". Keiner der verantwortlichen Redakteure hatte den Fehler bemerkt. Und wie war er zustande gekommen?

In einigen Nummern der Elternzeitschrift hatte man ein über die Grenzen der Schweiz hinaus bekanntes Erziehungsbuch besprochen, das den frechen Titel trägt „Dummheit ist lernbar". Alle Redakteure waren von der *Lernbarkeit* der Dummheit so überzeugt, daß sie kurzerhand die Faulheit auch für lernbar hielten.

Das Mißverständnis kommt mir wie gerufen. Denn Faulheit ist in der Tat lernbar. Der Mensch kann *alles* lernen, Gutes und Schlechtes, Nützliches und Unnützes, Brauchbares und Unbrauchbares.

Es kommt nur auf seine Einstellung an. Hat er gute und positive Gedanken im Hinblick auf sich und andere, wird er sich bemühen, etwas Gutes zu *lernen.* Spuken aber negative und zerstörerische Gedanken in seinem

Kopf herum, kann er sich entscheiden, Schlechtes zu lernen.

Der Mensch ist kein Tier, das von Instinkten getrieben wird. Er kann mehr oder weniger frei entscheiden, sich auf die nützliche Seite des Lebens zu stellen oder die unnütze Seite vorzuziehen.

Noch einmal: Faulheit ist so gut lernbar, wie fast alles gelernt werden kann. Der Mensch kann

hassen lernen,
lieben lernen,
kämpfen lernen,
arbeiten lernen,
Dummheit lernen und
Faulheit lernen.

Selbst Angst, Liebenswürdigkeit, Jähzorn, Aggressivität, Langsamkeit, zwei verkehrte Hände, Musikalität und Unmusikalität, Oberflächlichkeit und Gründlichkeit, Ordnung und Unordnung – alles ist lernbar.

Und wovon hängt es ab, wofür sich der Mensch entscheidet? Von den Eltern, von den Geschwistern, von den Vorbildern, die das Kind hatte oder nicht hatte, von der Moral, die dem Kind vorgelebt wurde, von den Überzeugungen und politischen Werturteilen, die es erlebte und erlitt, und von tausend Einflüssen, die auf das Kind einströmen. Schöpferisch aktiv verarbeitet das Kind alle Einflüsse und schafft sich eine eigene Meinung. Es entschließt sich bewußt und unbewußt zu bestimmten Verhaltensweisen, Ansichten und Einstellungen.

Es lernt

aus Versuch und Irrtum,
aus Erfolgen und Mißerfolgen,
aus Zuwendung und Ablehnung,
aus Können und Nichtkönnen,
aus Beachtung und Nichtbeachtung.

Es lernt und zieht Schlüsse, baut die Erfahrung in seinen persönlichen Lebensstil ein.

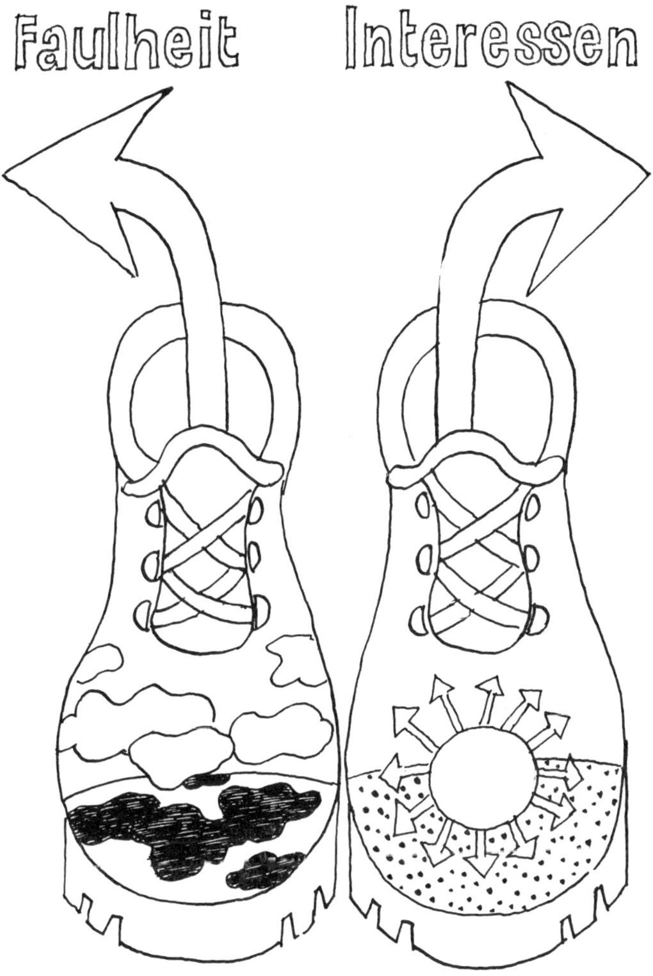

Faulheit wird uns also nicht wie ein Kuckucksei ins Nest gelegt.

Deshalb ist es falsch zu glauben, der Mensch würde gewaltsam in eine Rolle gedrängt, gegen die er sich nicht wehren kann. Nein, er schaut sich alles an und wählt das für ihn Beste heraus. Er *macht* Erfahrungen.

So gewinnt der Mensch also eine Einstellung zur Ordnung, zur Arbeit, zur Schule und auch zur Faulheit.

Damit haben wir die Frage schon beantwortet: Faulheit ist *nicht* angeboren. Faulheit ist kein Schicksal, dem man nicht entrinnen kann. Faulheit ist keine Krankheit, die ein Lebewesen wie Krebs überfällt.

Faulheit ist lernbar.

2

Faulheit oder die Arbeit macht keinen Spaß

Arbeit, die uns bedrückt, stößt ab.
Arbeit, die belastet, macht keine Freude.
Arbeit, die wir widerwillig tun, gelingt nicht.

Herr B. ist Jazz-Pianist. Ein begabter Musiker. Er hat einen neunjährigen Sohn, der unbedingt Pianist werden soll. Der Vater hat ihm ein Klavier ins Spielzimmer gestellt. Der Junge hat einmal in der Woche Unterricht. Der Vater glaubt fest, der Junge habe das Zeug zum Musiker. Einige Jahre hält der Junge widerwillig durch, dann bricht er eines Tages das Klavierspiel ab und will nie wieder in seinem Leben eine Taste anrühren, wie er sagt.

Was ist hier schiefgelaufen? Ich greife einige Punkte heraus:

1. Der Klavierunterricht wird als Bestrafung empfunden. Der Vater war ein großer Pianist, aber die Mutter, die den Unterricht überwachte, eine schlechte Pädagogin. Wenn der Junge nicht gehorchte, bekam er von der Mutter zu hören: „Dauernd muß ich dich zehnmal rufen, und du kommst nicht. Jetzt übst du dafür eine halbe Stunde länger!" Der Unterricht macht keine Freude mehr, er wird als Bestrafung empfunden.

2. Desinteressierte Erzieher verbreiten Desinteresse. Der alte Lehrer des Vaters hatte der Familie einen Gefallen tun wollen, als er zusagte, den Jungen zu unterrich-

ten. Im Grunde war der Lehrer verstimmt, weil er mit einem Anfänger arbeiten mußte. Die Verstimmung wirkte sich negativ auf die Lern- und Übungsbereitschaft des Jungen aus. Hinzu kam, daß der Lehrer ständig seine Unzufriedenheit über den mangelnden Fortschritt des Jungen äußerte. Die Spannung wurde eines Tages unerträglich. Aus dem schönen Spiel war bitterer Ernst geworden.

Faulheit ist Interesselosigkeit

Das Beispiel zeigt deutlich, daß *Interesselosigkeit* eine der wichtigsten Ursachen für Faulheit ist. Wir schreiben dem Kind damit keine Entschuldigung aus und nehmen es über Gebühr in Schutz. Aber wir Eltern fragen uns: Was haben wir falsch gemacht? Womit haben wir die Interesselosigkeit des Kindes gefördert?

Der Jugendpsychiater Reinhard Lempp sagt: „Es gibt keine faulen Kinder, es gibt nur *desinteressierte* Kinder."

Wenn ein Kind zufriedenstellend arbeitet, dann sagen wir:

„Bernd hat ein *Herz* für Sport."

„Gisela hat eine *Vorliebe* für klassische Musik."

„Walter hat eine *Neigung* für Mathematik. Immer wieder setzt er sich hin und brütet schwere Aufgaben aus."

„Erwin hat ein starkes *Interessc* an Büchern."

Hat ein Kind eine positive Einstellung zur Schule, zu irgendeinem Fach, zum Unterricht, dann hat es auch Interesse. Hat es aber eine negative Einstellung entwikkelt, dann zeigt es Vermeidungsreaktionen und Fluchttendenzen, es zeigt die kalte Schulter – kurz: es zeigt Desinteresse.

Unsere Arbeitseinstellung prägt

Was denken wir als Eltern über die Arbeit? Viele sind mit der Vorstellung groß geworden, daß Arbeit hart, unangenehm, sauer, schwer und mühsam ist. Sie halten Arbeit für eine *leidige Pflicht.* Sie denken nicht nur so, sie handeln auch entsprechend.

Allerdings wundern sie sich, daß ihre Kinder arbeitsscheu, faul und abwehrend sind. Sie vergessen, daß Mißmut ansteckt. Stellen wir uns einen Augenblick vor: Die Arbeit ist eine Lust. Wir *dürfen* arbeiten. Arbeit ist das Salz des Lebens. Jörg ist zehn Jahre alt und hat die Arbeitslust seinem Vater *abgeguckt.* Der Vater ist Hobby-Koch. Mit Lust und Leidenschaft kocht er am Wochenende für die Familie. Plötzlich gibt es einen Streit darüber, wer am Wochenende kochen darf. Mutti und Vati schwärmen von den schönsten Gerichten, die sie zubereiten wollen. Jörg hört das alles mit. In ihm setzt sich der Gedanke fest: Kochen muß eine Lust sein. Unbedingt will er auch am Wochenende in der Küche mitmachen. Aber Vati und Mutti lassen sich an diesen Tagen den Kochlöffel nicht aus der Hand nehmen. Jörg weicht auf Tage in der Woche aus. Er freut sich, schmackhafte Mahlzeiten für alle Familienangehörigen kochen zu dürfen. Auf der Straße spielen die Nachbarskinder. Nichts zieht ihn nach draußen. Die Mutter wirft mal einen Blick in die Küche, Jörg will sich nicht helfen lassen. Er ist stolz auf seine Kochkünste, und die höchste Auszeichnung ist, wenn die Gerichte schmekken und der Familie das Wasser im Munde zusammenläuft.

Jörg wird niemals in dieser Familie ein Faulenzer. Er wird auch niemals an einer Arbeitsstörung leiden. Er hat Interesse an der Arbeit, Freude am Tun, Zufriedenheit am Gelingen. Er arbeitet nicht, um andere zu übertrumpfen, um anderen zu beweisen, daß er es besser kann. Für ihn ist Arbeit Spiel.

Die Eltern haben ihm die Arbeit schmackhaft gemacht.

Die Eltern haben ihm vorgelebt, daß Arbeit Spaß machen kann.

Wege
zum
Meister

Englisch

Fragen an die Eltern?

- Welche Einstellung zur Arbeit haben Sie? Fällt Ihnen die Arbeit schwer? Nörgeln und kritisieren Sie? Drücken Sie in Worten und Taten Unlust aus?
- Appellieren Sie ständig an das Pflichtbewußtsein Ihres Kindes und machen ungewollt die Arbeit zur Strafe?
- Schimpfen Sie hier und da auf die Sinnlosigkeit der Schularbeit, auf die „blödsinnigen Hausaufgaben" und auf die verfluchte Schule? Wundern Sie sich, wenn Ihr Kind die Aussprüche ernster nimmt als Sie?

3

Faulheit oder Köpfchen muß man haben

Das Kind steuert einen Gegenkurs. Es stellt sich außerhalb der Gemeinschaft. Die Eltern sind verzweifelt, weil ihr Kind einen anderen Weg einschlägt, als sie sich vorgestellt haben. Die Eltern schimpfen.

„Das ist doch *sinnlos,* was der Junge tut", sagt der Vater.

„Dem Kind ist der gesunde Menschenverstand abhanden gekommen", sagt die Mutter.

„Wir verstehen das Kind nicht mehr, es handelt völlig unvernünftig", sagen beide.

Die Eltern haben auf ihre Weise recht, sie hören auf ihren gesunden Menschenverstand. Sie ziehen Schlußfolgerungen, wie sie der Durchschnitt der Menschen ziehen würde. Ihre Logik ist die Logik vieler Menschen.

Jeder Mensch schaut durch seine Brille

Auch der Mensch, der keine Brille trägt, schaut durch „seine Brille". Die Eltern schauen durch ihre und stellen sich vor, ihre Kinder würden die gleichen Augengläser benutzen. Das ist ein Irrtum.

Die Eltern machen einen Fehler, sie schätzen ihre Kinder falsch ein. Sie gehen von ihrer eigenen Meinung aus und bemühen sich nicht, die Weltanschauung ihres Kindes zu verstehen. Jeder Mensch läßt in seinem Verhalten eine unbewußte Zielstrebigkeit erkennen, und kein Mensch kann die Welt völlig objektiv anschauen. Aus beidem – den Grundstrebungen und Anschauungen – kommen die verschiedenen Meinungen und Auffassungen zustande. Jede Brille ist etwas getönt und hat eine andere Sehschärfe.

- Der *Optimist* sieht die Welt in leuchtenden Farben, schreckt vor keiner Anstrengung zurück und läßt sich durch keine Niederlage erdrücken;
- der *Pessimist* sieht alles schwarz. Er weiß schon im voraus, daß er die Arbeit schlecht schreiben wird, daß er nicht versetzt, nicht verstanden, nicht geliebt, nicht gewinnen und nicht Glück haben wird;
- der *Faule* wiederum hat sich bei seinem Tun auch etwas gedacht. Jedenfalls handelt er so, als ob er sich etwas dabei gedacht hätte. Er verfolgt Ziele, die den Eltern und der Schule zuwiderlaufen.

Wenn er durch seine Brille schaut, kann er sich sagen:

– ich will auf der unnützen Seite des Lebens stehen, die nützliche ist mir viel zu anstrengend. Vom Arbeiten gehen die besten Pferde kaputt. Irgendwie werde ich schon durchkommen;

– ich lasse das Arbeiten sein, dann werde ich auch in Ruhe gelassen;

– der Vater tyrannisiert mich. Er fällt mir mit seinem Ehrgeiz auf die Nerven. Die ganze Schule hängt mir zum Halse heraus;

– meine Eltern wollen mich zwingen. Ihr Prestige hängt von meinen Leistungen ab. Die sollen sich wundern!

– Wenn ich mir meine Eltern anschaue, sie haben zweifellos Beachtliches geleistet, und was haben sie davon? Nur Arbeit, keine Freizeit, nur Ärger und Krankheiten. Diesen blödsinnigen Weg soll ich auch gehen?

Alle Deutungen des Faulen sind irrtümliche Deutungen. Das Kind legt sich Gründe und Argumente zurecht, an die es glaubt. Es ist von seiner Logik überzeugt.

Faulheit ist Selbstschutz

Faulheit wird gern als *Mittel zum Zweck* benutzt, das Selbstwertgefühl zu sichern. Faulheit liefert dem Kind eine Entschuldigung, sich vor Anforderungen zu drükken. Wer einen handfesten Grund vorweisen kann, hat ein Alibi. Ihm werden „mildernde Umstände" zugebilligt. Er ist entlastet. Er kann sein Gesicht wahren. So verstanden, sind Verhaltensweisen wie Faulheit zweckdienliche Schöpfungen des Menschen, sich zu rechtfertigen und sich vor Belastungen zu drücken. Das Kind glaubt an diese unbewußten Schöpfungen. Das ist wichtig, denn es will ja mit sich und der Umwelt in Frieden leben.

Wie funktioniert nun dieser Selbstschutz?

„Hätte ich diese schreckliche Gedächtnisschwäche nicht, könnte ich genügend leisten. Ich würde mein Klassenziel erreichen."

„Ich stehe so unter Streß, leide an Schlaflosigkeit und Nervosität, daß ich nicht einmal einen Bruchteil von dem leisten kann, was ich leisten müßte."

Bei Licht besehen, sind es faule Ausreden. Das Kind hat diese Schranken aufgebaut, um sich dahinter zu verstecken. Hinter dem Selbstschutz fühlt es sich sicher. Das Kind macht sich damit unangreifbar. Eltern und Erzieher sind machtlos. Sie laufen gegen die Barrikade ergebnislos an. Das Kind beruft sich erfolgreich auf seine Unfähigkeit.

Vielen Eltern leuchtet das nicht ein:

„Wie kann das Kind die Faulheit benutzen, um Vorteile daraus zu ziehen, wenn es ständig beschimpft wird? Es hat doch nur Nachteile davon." Die Fragen lauten aber: Womit erzielt das Kind einen größeren Erfolg? Worauf kommt es dem Kind an?

Versuchen wir ein paar Vorteile des Kindes herauszuarbeiten:

- Faulheit verschafft dem Kind „mildernde Umstände". Verwandte und Freunde werden vielleicht sagen: „Dumm ist das Kind keinesfalls, nur faul."
- Das Kind kann sich sagen: „Wenn ich meine Faulheit ablegen würde, könnte ich Glanzleistungen erbringen. Aber das will ich ja nicht. Dieses Strebertum liegt mir nicht."

● Das Kind will völlig in Ruhe gelassen werden. Sobald es etwas Fleiß zeigt, schrauben die Eltern ihre Erwartungen in die Höhe. Ein faules Kind wird in Ruhe gelassen. Die Eltern geben auf: „Es hat ja alles keinen Zweck mehr!" Das Kind hat sich diese bequeme Denkweise zu eigen gemacht und sagt ebenfalls: „Es hat ja alles keinen Zweck mehr. Laßt mich in Ruhe!"

Nicht wenige Lehrer neigen daher zu der abwegig klingenden Erklärung: „Ein Kind, das abgrundtief faul ist, muß in der Tat Köpfchen haben."

4

Unser Kind ist willensschwach

Faulheit und Willensschwäche scheinen ein Geschwisterpaar zu sein. Eltern, die über faule Kinder berichten, sprechen meistens auch über Willensschwäche.

„Der Bengel hat keinen Funken Willenskraft in sich."

„Das Kind läßt sich einfach gehen. Es läßt sich willenlos treiben."

„Es ist einfach nicht stark genug, um sich zusammenzureißen."

„Unsere Tochter will ja mit der Faulheit fertig werden. Ab und zu nimmt sie einen Anlauf. Dann bricht die Willenskraft wieder zusammen."

„Bernd zeigt nicht den geringsten Mumm. Vor den lächerlichen Schularbeiten klappt er zusammen wie ein Taschenmesser; er sagt einfach: Ich kann nicht!"

Faulheit und Willensschwäche wohnen wie feindliche Untermieter in unserer Brust. Wir scheinen machtlos gegen sie zu sein.

Willensschwäche ist eine starke Waffe

Hans-Peter ist 12 Jahre alt, ein weicher, aber cleverer Junge. Er ist kein Rebell, er leistet keinen harten Widerstand gegen die Eltern, aber seine Faulheit ist „himmel-

schreiend", wie der Vater sagt. Er ist ein starker, entscheidungsfähiger Mann, der nicht viel redet, wenn er erzieht, sondern handelt.

„Wenn der nicht will, muß er fühlen", sagt der Vater. „Wir mußten das früher auch." Nach dem letzten Zeugnis allerdings ist er am Ende. Vier Fünfen, der Junge ist sitzengeblieben. „Der ist stinkend faul, und ich weiß, daß er es kann. Hans-Peter hatte in den ersten Grundschuljahren prima Zeugnisse. Er kann nach dem Abitur studieren. Ich mußte mir in Abendstunden alles hart erarbeiten. Mir wurde nichts geschenkt. Ich habe mich durchgebissen."

Hans-Peter sitzt ohne Freizeit hinter dem Schreibtisch und muß arbeiten, um seine Lücken aufzufüllen. Der Vater ist unerbittlich. „Und wenn er nicht will, muß er eben sitzen, bis er fertig ist. Hans-Peter hat es in der Hand!"

Hans-Peter hat es tatsächlich in der Hand. Er bestimmt, was er will. Die Schule ist die Achillesferse des Vaters. Hans-Peter ist weich. Gegen den Vater kommt er nicht an, weder mit dem Mund noch mit Opposition. Den Ehrgeiz des Vaters teilt er nicht. Gegen seine Strafen – Entziehung der Freizeit, Beschneidung der Fernsehzeit und unangenehme Hausarbeit – ist Hans-Peter machtlos. Nur mit der Schule kann er den Vater treffen. Seine Faulheit wird zur Waffe, seine Willensschwäche zur Stärke. Faulheit ist in der Tat „Willensstärke". Hans-Peter muß eine Reihe Unannehmlichkeiten in Kauf nehmen, um sich gegen den Vater durchzusetzen.

Willensschwäche ist ein starkes Argument

Das schauen wir uns genauer an:

- Das Gerede von der Willensschwäche und der Willensstärke ist sehr fragwürdig. Wer sich willensstark zeigt, hat an einer Sache Interesse. Er setzt sich ein, hat

Ausdauer und hat Freude an der Arbeit. Wer sich willensschwach zeigt, gibt damit zu erkennen, daß er kein Interesse hat und daß er nicht will.

- Willensschwäche ist ein *starkes Argument* gegen Eltern, Lehrer und Autoritätspersonen. Wer Willensschwäche gezielt einsetzt, entmachtet die stärksten Eltern. Sie kapitulieren, weil sie weder mit Strafe noch mit Gewalt den Willen ihres Kindes verändern können. Im Gegenteil, das Kind zeigt sich stark, bei seiner Schwäche zu bleiben.

- Daß Schwache stark sein können, zeigt sich überall im täglichen Leben. Zum Beispiel in der Ehe. Je schwächer der eine Partner, desto gefesselter der andere. Er muß einspringen, wenn der Schwache nicht kann, er muß Arbeiten übernehmen, die der andere liegenläßt. Der sogenannte Starke steht im Dienste des Schwachen. Ohnmacht wird zur Macht. Mit Hilflosigkeit kann der sogenannte Starke gegängelt werden. Er liegt an der Kette und ist durch Schwäche angebunden worden. Schwäche ist daher eine der stärksten Waffen der Herausforderung.

- Wer mit Willensschwäche operiert, verschanzt sich gern hinter der Schwäche. Wenn Eltern davon überzeugt sind, daß Willensschwäche anlagebedingt ist, dann ist das Kind von vornherein entschuldigt. Denn gegen solches Erbe kann bekanntlich kein Mensch zu Felde ziehen.

- Willensschwäche verrät, daß ein Ziel nur mit geringer Kraft angesteuert wird. Ist aber das Ziel uninteressant, ist es die Willenskraft auch. Wofür soll der Mensch sich anstrengen? Von daher wird das Sprichwort verständlich: „Wo ein Ziel ist, da ist auch ein Wille.“

5

Wie man bei Kindern Interesse wecken kann

Wenn Faulheit in erster Linie Interesselosigkeit ist, müssen Eltern alles daran setzen, bei ihren Kindern Interesse zu wecken.

Wie sieht ein Kind aus, das Interesse zeigt?

Es ist *neugierig.* Wir meinen nicht die unangenehme Schnüffelei, die manchen Menschen nachgesagt wird. Das Kind zeigt Wißbegier. Es will etwas kennenlernen, beobachten und in Erfahrung bringen.

Es will *dazugehören.* Von daher ist es ein guter Mitspieler, aber auch ein guter Mitarbeiter. Genau übersetzt heißt das Wort Interesse „dazwischen sein". Das Kind steht nicht am Rande, will nicht ausgeschlossen werden, es gehört dazu. Wer sich als fünftes Rad am Wagen fühlt, verliert schnell die Lust dazuzugehören. Er resigniert und ist plötzlich völlig draußen.

Es *strebt* ein Ziel an. Es benutzt seine Kräfte und Gaben, um vorwärtszukommen. Solche Kinder müssen keine Streber werden, keine Ehrgeizlinge. Sie packen zu und lassen sich auch nicht schnell entmutigen. Niederlagen nehmen sie in Kauf, holen einmal tief Luft und setzen erneut den Hebel an.

Es zeigt Interesse, weil wir an ihm Interesse haben. Interesse meint in diesem Zusammenhang: Wohlwollen und Anteilnahme. Eltern können auch ein stark *egoistisches* Interesse am Kind zeigen. Es spürt jedoch die Absicht und ist verstimmt.

In dem Buch des Schweizer Sonderschullehrers Jürg Jegge mit dem schon genannten Titel „Dummheit ist lernbar" steht ein wichtiger Satz:

„Wenn man anfängt, sich ganz intensiv um einen Menschen zu kümmern, dann beginnt dieser Mensch, sich ein bißchen weiterzuentwickeln."

Unsere Kinder werden sich bestimmt positiv weiterentwickeln, wenn wir *echtes* Interesse zeigen und *echte* Anteilnahme.

Fredi macht eine Kehrtwendung

Jegge, der mit schwierigen, gestörten und lernbehinderten Kindern arbeitet, gibt in seinem Buch ein ausgezeichnetes Beispiel, wie Interesse bei sogenannten „hoffnungslosen Fällen" geweckt werden kann. Ich will es ausführlich schildern, weil es allen Eltern zeigt, wie selbst Kinder, bei denen Hopfen und Malz verloren zu sein scheint, eine andere Lebens- und Arbeitsauffassung bekommen können.

Fredi ist schon seit einem Jahr in der Sonderschule. Er ist sehr problematisch, Epileptiker, und hat vermutlich einen leichten Hirnschaden. Fredi begreift langsam und arbeitet langsamer als andere Kinder. Auch in der Sonderklasse zieht er ein „ganz dummes Gesicht" und sagt: „Das verstehe ich nicht." Aber er ist ganz groß im Zerstören von Fensterscheiben, sinnlos etwas kaputt zu machen und andere Schüler vom Unterricht abzuhalten. Jürg Jegge sagt selbst, daß der Junge in seinen Möglichkeiten eingeschränkt ist. Aber das ist nicht das Entscheidende. Die Hauptbeschränkung redet der Junge sich selbst ein. Jegge beschreibt es wörtlich so:

„Aber ist die ‚Beschränkung', diese Schranke, an der er jetzt anstößt, wirklich seine ‚Begabungsgrenze'? Nein, es handelt sich hier um etwas ganz anderes: Um sein Krankheitsgefühl, seinen Eindruck, er sei anders als die andern, seine Mutlosigkeit."

Fredi ist ständig entmutigt, er läuft sofort davon, wenn etwas von ihm verlangt wird. Seine Schrift ist hilflos und verzweifelt. Seine Zeichnungen sind trostlos.

Eines Nachmittags, es ist Sonntag, besucht der Junge den Lehrer zu Hause. Jegge hört Mozart, der Junge hört mit zu. Ihm gefällt die Musik. Und es entspinnt sich folgendes Gespräch:

„Sag mal Fredi, möchtest du nicht ein Instrument spielen lernen?"

„Nein."

„Warum nicht?"

„Es stinkt mir."

„Ich glaube, das kannst du."

„Ich weiß, daß ich es nicht kann."

„Warum?"

„Ich kann überhaupt nichts lernen. Ich bin nicht richtig im Kopf."

„Erzähle."

„Ich muß Pillen nehmen. Seit ich in den Kindergarten gehe ..."

„Du hast Angst."

„Nein, aber es stinkt mir. Ich kann ja doch nichts lernen, auch später nicht."

„Also doch Angst?"

„Ja, was soll ich denn werden?"

„Weißt du, weshalb du Pillen nehmen mußt?"

„Ja, weil ich krank bin im Kopf."

„Nein, damit du nicht krank wirst. Das ist ein Unterschied. Schau, es gibt Leute, die sich leicht erkälten. Die ziehen sich warm an, sobald es kalt wird. Und im Winter trinken sie Lebertran und solches Zeug, damit sie nicht krank werden. Bei dir ist es ähnlich. Du mußt diese Pillen nehmen, damit du keine Anfälle bekommst, damit du nicht krank wirst."

Er sieht den Lehrer lange und ernst an.

„Glauben Sie?"

„Ich weiß."

„Das muß ich mir überlegen."

Fredi verabschiedet sich. Am nächsten Tag in der Schule spricht er den Lehrer an.

„Kommen Sie, ich muß Ihnen etwas sagen. Ich möchte ein Instrument spielen lernen."

„Und der Kopf?"

„Der lernt das schon."

Der Kopf lernt auch noch ganz andere Dinge. Der Kopf hat tausend Möglichkeiten, wenn Interesse geweckt ist. Der Kopf macht mit, wenn verschiedene Irrtümer beseitigt sind.

Was zeigt uns diese kleine Geschichte?

1. Nicht der Hirnschaden und die Epilepsie sind das Entscheidende, sondern die Überzeugung der Erwachsenen, der Junge ist nicht richtig im Kopf. Bei dem ist

nichts zu machen. Der ist krank. Mit solchen Vorurteilen wird ein Mensch abgestempelt. Solche Vorurteile stekken an, sie werden auf die Betroffenen übertragen. Fredi hat so oft dieses Urteil gehört, daß er es lückenlos übernommen hat.

2. Jeden Tag, wenn er in der Schule sitzt oder sich privat betätigt, redet er sich ein: Du bist dumm, du bist nicht richtig im Kopf, aus dir wird nichts. Du mußt Pillen nehmen, weil du verrückt bist.

Fredi programmiert seinen eigenen Mißerfolg. Er hat sich so eingehend mit seiner Unfähigkeit beschäftigt, daß er wirklich unfähig geworden ist. Der Glaube an die Katastrophe hat die Katastrophe des Lernens heraufbeschworen. Die Geschichte zeigt deutlich: Solange der Mensch an den Unsinn glaubt, der ihm eingeredet wird, solange er sich die Vorurteile der andern zu eigen macht, bleibt er krank.

3. Die Arbeit des Erziehers besteht darin, diese Vorurteile abzubauen. Jegge ist das vortrefflich gelungen. Es ist ihm gelungen,die Autosuggestion des Jungen zu erschüttern. Er konnte ihm klarmachen:

„Es ist Blödsinn, dir einzureden, daß du nicht richtig im Kopf bist. Dein Kopf kann viel mehr, als du ahnst. Ich, dein Lehrer, bin fest davon überzeugt."

Der Lehrer glaubt an den Jungen. Er verabreicht ihm keine Beruhigungspille. Er liefert ihm kein Trostpflaster. Plötzlich glaubt der Junge an sich. Der Lehrer traut ihm einiges zu, schon traut sich auch der Junge einiges zu.

Der Glaube an das Kind ist ein wesentlicher Schritt, um Interesse zu wecken.

6

Interesse wecken durch Ermutigung

Ermutigung ist eines der wichtigsten Hilfsmittel, um Interesse zu wecken und um die Lernfähigkeit zu fördern. Die Kunst der Ermutigung ist eine erzieherische Möglichkeit aufmerksamer Nächstenliebe. Solange aber das Kind seiner selbst nicht sicher ist, es nicht fest an sich glaubt, können wir ihm keine Ziele setzen, die es erreichen kann. Leider verwenden viele Eltern viel Zeit darauf, die Schwächen ihres Kindes festzustellen, um sie dann auszumerzen oder zu korrigieren. Sie sind *fehlerorientiert* und nicht auf den Erfolg des Kindes bedacht. Sie haben nur die Schwächen im Auge und übersehen die Stärken.

Was heißt Entmutigung?

● *Der Mensch hat eine miserable Selbsteinschätzung.* Er fühlt sich einer Sache nicht gewachsen. Er hat starke Minderwertigkeitsgefühle. Er glaubt, die anderen sind schneller, besser, tüchtiger, intelligenter, liebenswürdiger, hübscher, aktiver, durchsetzungskräftiger, entscheidungsfähiger und mutiger. Das entmutigte Kind glaubt, daß es nur geringe Chancen hat, seine Probleme zu lösen. Es hat wenig Vertrauen und Selbstvertrauen und glaubt, wenn es Leistungen erbringen soll, daß es

eine kümmerliche Figur abgibt. Es schaut nach oben und sackt immer mehr in sich zusammen. Überall spürt es seine Unvollkommenheit und sein Unvermögen. Es glaubt nicht an sich, dafür aber an die Tüchtigkeit der andern.

- *Zu hohe Maßstäbe der Eltern verstärken die Entmutigung*

Je höher die gesteckten Ziele, desto größer die Mutlosigkeit, wenn der Erfolg ausbleibt. Viele Eltern *sagen,* daß sie keine hohen Leistungsanforderungen an ihre Kinder stellen. Ihre *Erwartungen* dagegen, die sie im täglichen Leben aussprechen und vermitteln, drücken das Gegenteil aus. Je fühlbarer der Grad der Enttäuschung, desto höher war die Erwartung.

- *Geschwisterrivalität verstärkt die Entmutigung.*

Eltern spielen oft unbeabsichtigt Kinder gegeneinander aus. Sie *vergleichen* die Leistungen der Kinder miteinander. Geschwister erleben sich als Rivalen. Sie messen sich, sie vergleichen sich und legen den Grundstein für Eifersucht und Neid. Eifersucht und Rivalität können das Ergebnis unbewußter Vorliebe der Eltern für ein Kind sein. Oft sind es eigene Erlebnisse aus der Kindheit – gute oder schlechte –, die die Eltern der Erziehung ihrer Kinder zugrunde legen. Das benachteiligte Kind wird mehr und mehr entmutigt. Es fühlt sich zurückgesetzt, übersehen, mißachtet und nicht geliebt. Das Kind reagiert mit Leistungsabfall, Resignation und Lebensunlust.

- *Übergroßer Ehrgeiz fördert die Entmutigung*

In unserer Gesellschaft werden Leistung, Karrierestreben und Ehrgeiz großgeschrieben. Überbetonter Ehrgeiz ist aber ein fruchtbarer Nährboden für Entmutigung. Die Guten werden immer besser, die weniger Guten immer schlechter. Je besser der eine, desto verunsicherter und entmutigter der andere.

Heinz ist ein hervorragender Basketballspieler. Jede freie Minute widmet er dem Sport. Er gehört zu den fähigsten Jugendspielern weit und breit. Bald zeigt sich aber, daß er im Sport nur *ausgleichen* will, weil er in der Schule völlig entmutigt ist. Überehrgeizige Kinder weigern sich auch, dort mitzumachen, wo sie nicht gewinnen können, wo sie nicht an der Spitze stehen und sich hervortun können.

Was heißt Ermutigung?

● *Nehmen Sie Ihr Kind an, wie es ist.*
Schätzen Sie es mit seinen Eigenarten, Fehlern, Schwächen – so wie es ist. Oder haben Sie insgeheim die Meinung,

daß es

mehr aus sich machen muß,
mehr arbeiten,
mehr erreichen und
mehr Erfolg haben muß?

Versagen, menschliche Schwierigkeiten und Fehlhaltungen können auf die *irrige Meinung* zurückgeführt werden, daß der betreffende Mensch glaubt, er besitze keinen Wert innerhalb der Gemeinschaft, innerhalb der Familie, innerhalb der Klasse und innerhalb seiner Clique.

Können Sie dem Kind vermitteln: So wie du bist, bist du gut *genug,* bist du von uns anerkannt und uns liebenswert? Oder kann es sein, daß Sie ohne Worte – mit Verhaltensweisen, Gesten oder einem flüchtigen Blick – ihrem Kind zu verstehen geben, daß es Ihren Erwartungen nicht entspricht? Auch wenn Niederlagen und Pleiten dem Kind unterlaufen, immer sollten Eltern unterscheiden zwischen der Handlung und dem Handelnden. Eine schlechte Handlung kann selbstverständlich nicht gutgeheißen werden, aber das Kind als das Handelnde bleibt immer akzeptiert.

● *Benutzen Sie Formulierungen, die das Selbstwertgefühl stärken.*
Jede Freude, die Sie äußern, stärkt die Selbstachtung. Damit bauen Sie das Gefühl auf, etwas zu können. Geben Sie dem Kind die Sicherheit: „Du schaffst es schon!" Auch wenn etwas nicht klappt, sollten sich Eltern bemühen, dem Kind zu zeigen, daß es nicht an Wertschätzung verloren hat.

Wie können solche ermutigenden Sätze lauten?

„Du kannst es aber gut."

Eltern sollten ihre Kinder ermutigen, gerade dann, wenn sie es nicht erwarten, wenn sie nicht danach verlangen.

„Du hast dich hier verbessert."

Der kleinste Fortschritt sollte vermerkt werden. Es lohnt sich. Kinder probieren dann nach einem Mißerfolg von neuem, wenn sie eine Verbesserung spüren und sie ihnen bestätigt wird.

„Wir mögen dich, aber uns gefällt nicht, was du tust."

Kinder haben nach begangenen Fehlern nicht selten den Eindruck, ungeliebt zu sein. Ein Kind darf niemals das Gefühl haben, nicht mehr geliebt zu sein. Zwischen dem Täter und der Tat muß daher streng getrennt werden. Wir kennen alle das Sprichwort: „Er hat das Kind mit dem Bade ausgeschüttet." Mit anderen Worten: Mit der Verurteilung der schlechten Tat ist auch das Kind aus der Gemeinschaft ausgestoßen.

„Du hast einen Fehler gemacht. Das kommt vor. Was kannst du daraus lernen?"

Geschehenes kann in der Regel nicht rückgängig gemacht werden. Jeder Mensch kann aber aus seinen Fehlern für die Zukunft lernen. Dazu gehört: Fehler gehören zum Leben. Erwachsene und Kinder machen Fehler. Niemand muß sich schämen, einen Fehler gemacht zu haben. Fehlerlosigkeit ist Überheblichkeit. Wer sich für fehlerlos hält, wirkt anmaßend und entmutigt mehr, als ihm lieb sein kann.

„Versuche es weiter. Du schaffst es. Gib nicht auf!"

Wir glauben an das Kind und bezeugen ihm, daß es ein Problem lösen wird, auch wenn es Rückschläge gibt und einige Versuche fehlgeschlagen sind. Pessimismus ist *Ent*mutigung, Optimismus ist *Er*mutigung. Der Optimist läßt die Flügel nicht hängen, gibt nicht auf und geht immer wieder neu an ungelöste Aufgaben heran. Entscheidend ist, daß dem Kind Eltern zur Seite stehen, die Zuversicht ausstrahlen und die feste Überzeugung haben, daß jeder Versuch Erfolgschancen in sich birgt.

● *Planen Sie Erfolge für Ihr Kind ein!*

Das klingt schwieriger, als es ist. Einige Eltern werden sagen: „Wie kann ich Erfolge einplanen, wenn aber auch kein Millimeter Fortschritt zu sehen ist?" Sie sprechen von Millimeter und meinen Meter. Ihre Formulierung verrät, daß eine überhöhte Erwartung in tiefe Enttäuschung umgeschlagen ist. Je tiefer aber die Enttäuschung der Eltern, desto unfähiger sind sie zur Ermutigung. Wer selbst die Hoffnung aufgegeben hat, kann andern keine Hoffnung geben. Bei den meisten Eltern sind die tief im Herzen schlummernden Erwartungen zu hoch. Viele gestehen sich die hohen Erwartungen nicht ein. Ja, nicht wenige glauben, daß ihre Erwartungen schon auf dem Nullpunkt angekommen sind. Kleine und bescheidene Erfolge sind für solche Eltern völlig bedeutungslos. Sie wollen einen radikalen Wandel erzwingen und wollen sichtbare Erfolge als Beweis. Hier gilt: Schrauben Sie Ihre Erwartungen noch einmal herunter! Das hat den erzieherischen Vorteil, daß Ihr Kind leichter zu kleinen Erfolgen kommt. Freuen Sie sich über kleinste Fortschritte! Besonders entmutigte Kinder müssen erst wieder die „Kurve kriegen". Aus der absteigenden Linie muß eine ansteigende werden. Ein entmutigtes Kind braucht selbst den Erfolg wie den Sauerstoff zum Atmen. Schon geringfügige Erfolge stärken das Selbstvertrauen, fördern die Lernbereitschaft und vergrößern den Mut weiterzumachen. Wer aufgibt, sieht nicht den Hoffnungsschimmer eines Erfolges. Ein entmutigtes Kind kapituliert vor zu weitgesteckten Zielen. Wer den Erfolg einplanen will, muß auf Appelle, Ermahnungen, Drohungen und Liebesentzug verzichten. Anklagen sind kein Lernanreiz.

7

Was fördert die Lernbereitschaft?

Was können Eltern tun, um den Motor zum Lernen anzukurbeln? Wie können sie ihr Kind bewegen, sich intensiver mit Schulaufgaben zu beschäftigen und williger am Unterricht teilzunehmen? Welche Gesichtspunkte helfen, den Widerstand zu verringern und die Freude am Arbeiten zu verstärken?

Sechs Vorschläge für Eltern

1. Lassen Sie das Kind mitentscheiden.
Strikte Anweisungen reizen zum Widerspruch. Besserwisserei der Eltern hemmt die Freude der Kinder am Mitmachen. Dagegen wirkt sich positiv aus, wenn Eltern *mit* ihren Kindern Übungsprogramme besprechen und die Zeiten, wann Schularbeiten erledigt werden müssen, *mit* den Kindern abstimmen. In dem Augenblick, wo Kinder mitreden, miturteilen und mitentscheiden können, verbessert sich das Lernklima.

2. Geben Sie Anleitung zum Selbsterarbeiten.
Die geschickte Anleitung zum *Selbstarbeiten, Selbstfinden* und *Selbstausführen* ist wichtig für die Lernbereitschaft des Kindes. Untersuchungen haben ergeben, daß

80% von dem, was einer *gehört* hat,
70% von dem, was einer *gesehen* hat,
50% von dem, was einer *gesehen* und *gehört* hat,
10% von dem, was einer *selbst ausgeführt* hat,
vergessen wird. Aufgaben, die das Kind mit eigener Kraft gelöst, und Probleme, in die es sich vertieft hat, bleiben demnach eher haften. Gelingt es den Eltern, Kinder zu bewegen, sich mit Neugierde und detektivischem Spürsinn an Aufgaben heranzumachen, ist der Lernerfolg am größten. Dann ist auch die Chance groß, das Gelernte wirklich zu behalten.

3. Gestatten Sie, daß das Kind sich Aufgaben selbst stellt.
Statt auf Druck der Eltern Aufgaben zu wiederholen, kann das Kind sich eigene Teilziele und Fristen setzen. Es nimmt sich beispielsweise vor, bis zu einem bestimmten Zeitpunkt ein Kapitel zu beherrschen, sich eine Anzahl Vokabeln anzueignen. Sehr oft haben Eltern hohe Ziele vor Augen, die das Kind ablehnt und die seine Initiative lähmen. Selbstgewählte Etappenziele geben dem Kind Richtlinien und – wenn sie erreicht werden – Erfolgserlebnisse. Und Erfolgserlebnisse stacheln erneut die Lernbereitschaft an.

4. Glückliche Kinder können sich geistig entfalten.
Begabung ist oft eine Frage des individuellen Glücks, der Zufriedenheit und des seelischen Wohlbefindens. Seelischer Druck und Unzufriedenheit hemmen die Entwicklung. Ehezerwürfnisse, schwere Krankheiten der Angehörigen, Tod von Familienmitgliedern und anhaltende Berufssorgen der Eltern können das Lernklima verschlechtern und das Interesse am Unterricht blokkieren. Die Kinder sind unkonzentriert und abgelenkt. Haben Sie einmal ernsthaft darüber nachgedacht, wie Sie das seelische Wohlbefinden Ihres Kindes verbessern können? Geben Sie dem Kind die Möglichkeit, sich auszusprechen? Können Sie warten, wenn das Kind den Zeitpunkt für Gespräche für verfehlt hält? Haben Sie die

Geduld, noch länger am Bettrand Ihres Kindes auszuhalten, wenn Sie spüren, daß es noch etwas loswerden möchte? Nehmen Sie den Kummer ernst, den Sie beim Kind vermuten? Ertappen Sie sich dabei, daß Sie Probleme Ihres Kindes verharmlosen? Gehen Sie bitte nicht von sich aus, wenn Sie Probleme und Schwierigkeiten Ihres Kindes aufgreifen. Ihr Maßstab ist nicht der Maßstab Ihres Kindes! Was Sie für belanglos halten, nimmt unter Umständen Ihr Kind sehr ernst.

5. Beachten Sie das Lerntempo des Kindes.
Jedes Kind hat sein eigenes Lerntempo. Auch wir Erwachsene sind verschieden schnell. Es gibt langsame und schnelle, es gibt oberflächliche und sehr gewissenhafte Kinder. Gewissenhaftigkeit hat viele Vorteile, kann aber den Menschen hindern, zügig zu arbeiten. Beispielsweise verliert er bei schriftlichen Arbeiten die Zeit aus dem Auge. Er verrennt sich in Einzelheiten, nimmt Kleinigkeiten zu wichtig und schafft das vorgeschriebene Pensum nicht. Andere Kinder trödeln gern, schaffen schwer den Anfang und kommen nur langsam in Fahrt. Respektieren Sie gewisse Eigenarten, bejahen Sie das Eigentempo, und verhelfen Sie so dem Kind zu einem guten Selbstverständnis. Ständige Kritik am Tempo muß den Selbstwert untergraben. Das Kind verwechselt dann Langsamkeit mit Dummheit. Wir wissen auch, daß verschiedene Typen – lange, hagere, schmächtige beispielsweise – ein anderes Tempo an den Tag legen als korpulente, vollschlanke und behäbige Menschen. Schon das Temperament ist von Mensch zu Mensch verschieden. Aber das gilt allgemein: Kritiksucht, Druck, Angst und Überforderung können das Tempo erheblich hemmen. Die Lernleistung ist am höchsten, wenn jeder Schüler in dem ihm gemäßen Tempo lernt.

6. Geben Sie sofort eine Erfolgsbestätigung.
Eine sofortige Erfolgsbestätigung ist eine Lernverstärkung. Hans gilt in der Familie als Faulpelz. Zwischen Vater und Sohn herrscht daher ständig Krisenstimmung. Hans hat das ganze Wochenende dazu benutzt, sein Physikheft zu überholen. Hans steht in Physik mangelhaft. Der Lehrer hat aber dem Kind versprochen, die Note anzuheben, wenn es durch Zeichnungen und Ausarbeitungen sich mit bestimmten Themen auseinan-

dersetzt. Stolz zeigt Hans dem Vater die Mappe: „Das ganze Wochenende habe ich an der Mappe gesessen. Ich hoffe bestimmt, ich kriege noch ausreichend.“ Vater: „‚Zusammenfallen‘ wird in einem Wort geschrieben. Deine deutsche Sprache ist für dich immer noch eine Fremdsprache!“

Das ist keine Erfolgsbestätigung, das ist negative Kritik. Das ist keine Lernverstärkung, sondern mit Sicherheit eine Lernminderung. Solche sicher gutgemeinte Kritik untergräbt den Selbstwert, mindert die Arbeitsfreude. Fast immer läßt sich an einer Arbeit *etwas* Positives entdecken. Greifen wir zuerst das Positive auf und nicht das Negative! Können wir es eintrainieren, das Lobenswerte zu verstärken und das Kritische zu übersehen? Das weniger Gelungene kennt das Kind genau. Wir wollen die Minuspunkte nicht unterstreichen, wir wollen den Erfolg bestätigen.

Was hindert die Lernbereitschaft?

1. Furcht, Angst, Drohungen.
Sie zerstören die Vertrauensbasis zwischen Eltern und Kindern. Angst blockiert, und Drohungen verleiten zum Widerstand. Wie können solche Drohungen aussehen?
– Wenn Eltern und Erzieher den Kindern zu verstehen geben, daß ihre Anstrengungen keine Aussicht auf Erfolg haben;
– wenn Eltern dem Kind sagen: „Wenn du nicht willst, lassen wir dich auch hängen“;
– wenn Eltern zu ihrem Kind sagen: „Wenn du kein Interesse hast, laß es bleiben, dann wirst du eben Hilfsarbeiter“;
– wenn Eltern ihrem Kind sagen: „Du verstehst soviel von Mathematik wie die Kuh vom Sonntag. Du hast Glück, wenn du die Hauptschule ohne Sitzenbleiben schaffst“;

– wenn Eltern dem Kind sagen: „Bis zu den Zeugnissen sehen wir uns das noch an, dann gehst du zurück auf die Hauptschule!"

Neben Drohungen benutzen die Eltern auch Erpressungen. Erfahrungsgemäß werden dadurch laute oder leise Widerstände aufgebaut. Druck erzeugt Gegendruck. Plötzlich sind Eltern und Kinder in eine Sackgasse geraten.

2. Mangelnde Gesprächsbereitschaft.

Viele Eltern sind wenig gesprächsbereit. Sie treffen Anordnungen. Sie bestimmen. Der Zeitaufwand ist geringer, die Folgen sind allerdings schwerwiegender.

„Heute abend gibt es kein Fernsehen, da wird erst mal geübt!"

„Ein geruhsames Wochenende ist für dich gestrichen, da wird Latein gepaukt!"

„Mit Faulenzen kommt man im Leben nicht weiter. Jeden Abend wird in dieser Woche geübt. Da kannst du zeigen, ob du überhaupt Interesse an der höheren Schule hast!"

Die Kinder werden verstockt. Das Üben wird zur Strafe. Die Eltern reagieren ihren Unmut an den Kindern ab. Das Interesse an der Arbeit wird schon auf dem Vorwege untergraben.

Wie aber können Eltern mit ihren Kindern sprechen?

„Ich habe heute abend eine Stunde Zeit für dich, sollten wir uns gemeinsam die englischen Vokabeln vorknöpfen?"

„Die letzte Arbeit zeigt einige Mängel in Grammatik. Sollten wir beide die Arbeit noch einmal durchgehen?"

„Für das gemeinsame Üben wollen wir uns etwas Zeit nehmen. Was schlägst du vor, wie lange wir zusammensitzen?"

3. Überheblichkeit

Die Lernbereitschaft wird gehemmt, wenn Eltern wiederholt die Meinung des Kindes nicht ernst nehmen. Viele Eltern kehren unbewußt ihre Überheblichkeit heraus, wenn sie die Meinung der Kinder überhören. Gegenargumente werden nicht ernst genommen, Einwände heruntergespielt. Ähnlich ist es, wenn Argumente des Kindes lächerlich gemacht werden. Ironie ist eine scharfe Waffe. Ironie ist eine schlimme Form der Überheblichkeit. Das Kind kommt sich klein und häßlich vor. Der Vater sagt: „Was du über die Kernenergie sagst, kennzeichnet mal wieder deinen jugendlichen Unverstand."

Warum kann der Vater nicht sagen: „Das ist sehr interessant, deine Meinung über Energie- und die Umweltschutzprobleme zu hören. Du hast dir Gedanken gemacht, kannst du mir Näheres darüber sagen?" Oder: „Du beziehst sehr konsequent eine Gegenposition. Mich interessiert, wie du sie begründest."
Dieser Vater nimmt sein Kind ernst. Überheblichkeit nimmt den Partner nicht ernst.

4. Gebremste Neugier
Die Lernfreude wird eingeschränkt, wenn die Neugier des Kindes gehemmt wird. Der wichtigste und ursprünglichste Grund der Lernbereitschaft ist Neugier. Das Kind will die Welt kennenlernen, will alles begreifen. Von daher sind die Tage erfüllt mit

Forschen,
Entdecken,
endlosen Fragereien.

Die Neugier des Kindes bedeutet, daß es nicht träge, faul und von Geburt an desinteressiert ist. Allerdings können wir durch Überforderung, negative Einstellung zur Arbeit und Druck die anlagebedingte Neugier unterhöhlen. Und dieser Abnutzungsprozeß des Neugierverhaltens setzt in der Regel schon sehr früh ein. Wodurch kann Neugier untergraben werden?
– Durch Überfütterung. Das Kind wird mit Wissen vollgestopft, weil Eltern angelerntes Wissen mit Intelligenz verwechseln;
– durch Überforderung. Die Eltern wollen gern ein Mu-

sterkind heranbilden. Sie wollen das Beste aus dem Kind herausholen;

– durch unsachgemäße Leistungssteigerung. Das Kind soll schon mit acht Jahren komplizierte Geschichten lesen und verstehen können. Lesen ist anregend und interessant. Wäre es nicht so, würden nicht jedes Jahr Millionen von Büchern gekauft und gelesen;

– durch Ablehnung kindlicher Fragen. Antworten auf Fragen zu finden ist beglückend.

Das Kind will Erfahrungen sammeln und weiterkommen. Es will groß werden und mithalten können. Das abgewiesene Kind wird still gemacht, es schließt sich womöglich ab und wird zusehends passiver. Passivität aber ist pädagogisch und psychologisch schwerer zu behandeln als Aktivität und robuste Durchsetzungskraft.

8

Lernerfolg und Gemütsverfassung

In der Elternversammlung sagt Frau S.: „Der Lernerfolg ist doch eine Frage der Intelligenz. Hat das Kind genügend Intelligenz, kann es erfolgreich lernen, hat es sie nicht, kann es nicht erfolgreich lernen."

Das klingt einleuchtend, die Wirklichkeit spricht dagegen. Der Kopf ist kein gefühlloser Trichter, in den man uneingeschränkt Wissen hineingießen kann. Der *ganze Mensch* nimmt auf, ist beteiligt oder ist nicht beteiligt, ist interessiert oder nicht interessiert. Die seelische Gesamtverfassung bestimmt den Lernerfolg. Einige Faktoren schauen wir uns an:

Wenn die Stimmung den Lernerfolg hebt

Leistung und Lernen hängen von der Stimmung ab. Heiterkeit, Schwermut, Verdrossenheit, Fröhlichkeit und Behaglichkeit können Lernanreize oder Störfaktoren des Lernens sein. Das Kind sagt: „Ich fühle mich *bedrängt,* ich fühle mich *bedrückt,* ich fühle mich *gehemmt."*
Oder es sagt: „Ich fühle mich *befreit,* ich fühle mich *beflügelt,* ich fühle mich *wohl."*

Eine ausgeglichene Stimmungslage ist eine der Voraussetzungen für erfolgreiches Lernen. Stimmung ist

Schwermut
Verdrossenheit
Resignation
Fröhlichkeit
Heiterkeit
Behaglichkeit

ein Zumute-Sein. Ausgeglichenheit und Fröhlichkeit reizen zur Teilnahme, wecken Interesse. Schwermut und Resignation lähmen.

Bernds Eltern haben sich gestritten, sprechen seit Tagen kein Wort miteinander. Bernd möchte die beiden wieder versöhnen. Er ist völlig abgelenkt und mit seinen Eltern beschäftigt. Er träumt, ist unkonzentriert und lustlos. Wieder ein anderes Kind ist verängstigt, hat bittere Enttäuschungen erlebt, wurde bloßgestellt, in Frage gestellt. Kein Zweifel: seelische Spannungen blockieren den Lernerfolg, Freude, Ausgeglichenheit, Zufriedenheit und ein ausgeprägtes Geborgenheitsgefühl im Elternhaus fördern die Lernbereitschaft.

Mut und Selbstvertrauen

Entmutigung und Selbstwertstörungen sind Barrieren für den Lernerfolg. Die Kinder seufzen:

„Ich kann nichts."
„Ich lerne das doch nicht."
„Ich begreife das niemals."

Solche entmutigenden Aussagen untergraben den Lernerfolg. Im Hintergrund steckt Angst. Und Angst macht dumm.

Mut und Selbstvertrauen verraten Freude am Lernen, Freude an der Sache, Freude an der Bereicherung der eigenen Kenntnisse und Bestätigung der geistigen Fähigkeiten. Selbstvertrauen verrät, die Eltern sind meine Freunde, meine Berater und meine Helfer. Ich fühle mich bei ihnen aufgehoben. Ich vertraue mich ihnen an, wenn ich etwas nicht verstanden habe. Der Erfolg:

Das Kind kann besser *aufnehmen,*
das Kind kann besser *verarbeiten,*
das Kind kann besser *wiedergeben.*

Fragen zur Selbstprüfung

- Nehme ich die Stimmungslage meiner Kinder wahr? Womit hängt die Stimmungslage unserer Kinder zusammen? Wenn ich die Ursache für eine negative Stimmungslage erkannt habe, versuche ich sie zu ändern? Habe ich mich schon gefragt, was will eventuell das Kind mit dieser oder jener geäußerten Stimmung bezwecken? Sucht es Trost und Verständnis? Oder will es in Ruhe gelassen werden?

- Wie bewerte ich seelische Spannungen im Verhältnis zum Lernerfolg? Halte ich sie für entscheidend, für unwesentlich? Gehe ich den Spannungen auf den Grund?

- Halte ich bei körperlichen Beschwerden eine seelische Beeinflussung für möglich? Kann es sein, daß ich mit dem Kind von Arzt zu Arzt laufe, um von seelischen Schwierigkeiten im Familienleben abzulenken und entlastet zu werden? Neige ich überhaupt dazu, den „Schwarzen Peter" anderen zuzuschieben, um mich zu entlasten?

- Beurteile ich Entmutigung und Selbstwertstörungen als mangelnde Intelligenz? Bin ich bereit, meine eigenen Verhaltensweisen gegenüber dem Kind zu überprüfen? Versuche ich mit Appellen die Entmutigung des Kindes aufzulösen? Haben Appelle von anderen Erwachsenen an mich Erfolg, wenn ich als Vater oder Mutter entmutigt bin?

- Mache ich mir Gedanken darüber, ob ein Kind überfordert ist? Denke ich darüber nach, ob es genügend Zeit hat für Freundschaften, Sport und Spiel, für musische Fähigkeiten, für seine Hobbys? Habe ich mir einmal die Mühe gemacht, die Stunden in der Woche auszurechnen, die das Kind für Schularbeiten benötigt?

- Können Mißmut, Leistungsstörung, Konzentrationsmangel, das Abschalten in bestimmten Fächern oder völlige Ablenkung damit verbunden sein, daß mein Kind einem enormen Druck durch Schule und Elternhaus ausgesetzt ist, dem es sich aktiv oder passiv entgegenstemmt?

Sie müssen nicht verbissen allen Fragen nachgehen. Ein oder zwei Punkte, die Sie herausgefunden haben und die Sie ändern, verbessern sofort die Lernbereitschaft Ihres Kindes.

9

Konzentration mangelhaft – was tun?

Faulheit wird oft von Konzentrationsstörungen begleitet. Das Kind ist nicht bei der Sache. Die kleinste Kleinigkeit lenkt es ab. Aufgaben kann es nicht behalten, Gelerntes nicht getreu wiedergeben. Was geht im Kind vor?

Das gestörte Spielverhalten

Die Unfähigkeit zur Konzentration zeigt sich schon sehr früh, aber viele Eltern neigen dazu, das Symptom zu verniedlichen oder zu übersehen. Ein ernstes Warnsymptom für Konzentrationsschwäche des Kindes zeigt sich im gestörten Spielverhalten. Das Kind kann sich nicht ausdauernd und sinnvoll allein beschäftigen. Viele Eltern halten ihre Kinder für Spätentwickler. In der Schule machen sie die Lehrer, die Größe der Klasse und einen „angeborenen" Konzentrationsmangel für Schwierigkeiten der Kinder verantwortlich. Fest steht jedoch, daß in den seltensten Fällen ein angeborener Fehler die Ursache der Konzentrationsschwäche ist.

Hirnorganische Störungen *können* allerdings auch eine Rolle spielen. Professor Dr. Reinhard Lempp und seine Mitarbeiter untersuchten 124 Kinder, die trotz normaler Begabung in der Schule versagten. Das Er-

gebnis: Bei einem Drittel lag die Ursache der Störung in der Familie. Bei einem weiteren Drittel wurde eine sogenannte „organische Teilleistungsstörung" herausgefunden, die von einer leichten frühkindlichen Hirnschädigung herrührte. Beim Rest stellten die Ärzte sowohl hirnorganische Störungen als auch gestörte familiäre Beziehungen fest. Bei der Hirnschädigung handelt es sich meistens um einen ganz winzigen Defekt, der bei Komplikationen in der Schwangerschaft oder während der Geburt entstehen kann. Solche Kinder sind zwar völlig gesund, sind jedoch nicht in der Lage, bestimmte äußere Reize – zum Beispiel Bilder und Geräusche – normal zu verarbeiten. Dieser Umstand wird zur eigentlichen Ursache der Konzentrationsschwäche: Das Kind kann wichtige und unwichtige Reize nicht unterscheiden und auswählen. Es fliegt auf jedes Geräusch, arbeitet unkorrekt und ordnet falsch ein. Eltern und Kameraden bezeichnen diese Kinder als „zerfahren, dumm, schusselig und zappelig". Es empfiehlt sich immer, einen erfahrenen Kinderarzt zu Rate zu ziehen.

Sachlichkeit kontra Ichhaftigkeit

Beobachten wir einmal ein Kind beim Spiel. Es beschäftigt sich mit Bauklötzen, Legosteinen oder Puppen. Es ist völlig auf das Spiel konzentriert. Wir beobachten eine *sach*bezogene Hingabe an das Spiel. Mit Ernst und Aufmerksamkeit, Wachheit und Lebendigkeit spielt das Kind. Wann aber wird das Spiel ichhaft und damit unkonzentriert?

- Wenn das Kind sich beobachtet fühlt. Es fühlt sich irritiert und abgelenkt;

- wenn es Lob ernten will. Alle Bewegungen und Überlegungen werden ichhaft. Es spielt nicht mehr hingegeben, sondern mit Berechnung. Es ist nicht mehr gelöst, sondern gespannt;

- wenn es Tadel fürchten muß. Es kann nicht mehr mit Ernst bei der Sache sein;

- wenn es Aufmerksamkeit erregen will. Es ist nicht am Spiel interessiert, an der Sache, es ist an sich selbst interessiert. Es will beachtet werden und in den Mittelpunkt rücken.

Die Beobachtungen im Spiel können wir ohne Schwierigkeiten auf die Arbeit übertragen: Auch hier bestätigt sich, daß Konzentrationsschwäche durch Ichhaftigkeit und mangelnde Sachlichkeit gekennzeichnet ist.

Die Flucht in die Phantasiewelt

Viele Eltern bezeichnen ihre Kinder als Träumer. Sie beklagen ihr reiches Phantasieleben. Die Kinder verhalten sich „entrückt". Sie leben nicht in der Realität und sind nicht mit beiden Beinen auf der Erde. Ihre Gedanken schweifen ab, ihre Phantasie geht auf Reisen. Sie sind nicht bei der Sache. Können sie nicht bei der Sache sein, oder wollen sie nicht bei der Sache sein?

Wie erklären wir uns die Flucht in die Phantasiewelt? Viele verwöhnte Kinder haben es nicht gelernt, sich sachlich und ernst mit Arbeit und Schularbeiten auseinanderzusetzen; einige erleben ihre Geschwister als bedrückendes Vorbild. Wenn Eltern und Erzieher zu allem Überfluß auch noch auf diese Vorbilder hinweisen, sinkt der Arbeitseifer ab, und die Flucht in eine schöne Welt beginnt.

Auch Überforderung und Ehrgeiz der Eltern können den Widerstand hervorlocken. Dieser Widerstand kann auch auf die Lehrer übertragen werden. Flucht in die Phantasiewelt ist Widerstand. Sie muß nicht in erster Linie Flucht vor der Arbeit sein, sondern kann auch als Flucht vor dem Zwang, sich einordnen zu müssen, verstanden werden. Das verwöhnte Kind, das arbeitsunwillig ist, schwingt sich zum Tyrannen auf. So unkonzentriert Kinder sind, so konzentriert können sie jenseits der Realität in der Phantasie, in der Traumwelt, Geschicklichkeit, Geduld, Energie und schöpferische Gestaltungskraft entfalten.

Praktische Ratschläge und pädagogische Hinweise:

- Eltern sollten dem Kind das Gefühl geben, daß es von ihnen verstanden und nicht im Stich gelassen wird.

- Vor allem Heranwachsende, die infolge der hormonellen Umstellung ihres Körpers häufig unter Unkonzentriertheit leiden, brauchen diese Sicherheit der Eltern und ihre Liebe.

- Spiele, die dem Kind Spaß machen, sollten nicht verboten werden. Fast jedes Spiel fordert Konzentration, die das Kind unbewußt einüben und erlernen kann. Eltern sollten ihren Leistungsanspruch überprüfen. Es kann sein, daß sie ihr Kind überfordern, daß sie zu viel erwarten und zu wenig ermutigen. Die Bestätigung des kleinsten Fortschrittes kann die Konzentration erhöhen.

- Das Lernen am Abend kann konzentrationsfördernd sein. Untersuchungen haben ergeben, daß Menschen, die abends intensiv lernen und gleich danach einschlafen, bis zu 56% behalten. Wer dagegen wach bleibt, kann sich nur an 9% erinnern. Im Schlaf bleibt das Gehirn frei von neuen Eindrücken, die das Gelernte überdecken.

- Man muß wissen, daß alle Störfaktoren, die das Nervensystem unmittelbar erregen (ein fallender Bleistift, Lärm vor der Tür, Gespräche der Geschwister, Radio- oder Fernsehgeräusche), die gewünschte Aufmerksamkeit des Kindes herabsetzen.

● Die Behandlung konzentrationsschwacher Kinder mit Medikamenten stellt die Ärzte im Augenblick noch vor einige Schwierigkeiten. Unkonzentriertheit ist meistens mit gesteigerter Unruhe gepaart. Wird die Unruhe mit bestimmten Wirkstoffen gehemmt, sinken meistens auch die Aufmerksamkeit und die Lernfähigkeit des Kindes. Höhere Dosen fördern oft das Schlafbedürfnis. Aktivierende Medikamente erhöhen die Nervosität.

● Bevor Eltern zum Arzt gehen, um eine mögliche körperliche Ursache des Konzentrationsmangels ihres Kindes ausfindig zu machen und sich Medikamente gegen die Konzentrationsschwäche verschreiben zu lassen, sollten sie sich zwei Fragen ehrlich beantworten: Könnte es sein, daß die Konzentrationsschwäche des Kindes mit Störungen und Schwierigkeiten im familiären Bereich zu tun hat (Geschwister-Rivalität, Eheprobleme der Eltern, Autoritätsprobleme zwischen Eltern und Kindern)? Könnte es sein, daß Eltern sich mit Nachdruck eine körperlich begründete Konzentrationsschwäche bescheinigen lassen möchten, um vor sich selbst gerechtfertigt zu sein?

Selbstverständlich – das sollte noch einmal betont werden – gibt es Leistungs- und Teilleistungsstörungen, die mit Konzentrationsschwäche einhergehen und *körperlich* begründet sind. Die erwähnten leichten Gehirnanomalien und Krankheiten *können* Müdigkeit, körperliche Unruhe, Bewegungsstürme, Nervosität, Fahrigkeit und eingeschränkte Aufnahmefähigkeit hervorrufen. Da wir weder medikamentös noch medizinisch therapeutisch durchgreifend etwas dagegen unternehmen können, verbleibt uns nur ein verbessertes erzieherisches Vorgehen. Es wird schon so sein, daß manche Eltern diese körperlich begründeten Störungen stärker berücksichtigt wissen möchten, auch in diesem Bändchen. Aber wie die Erfahrung in der Beratungspraxis zeigt, ist das oft nachteilig für alle Beteiligten.

Was ist positiv an der gewissenhaften ärztlichen Diagnose, die körperlich begründete Teilleistungsstörungen festgestellt hat? Eltern und Erzieher werden ihre Ansprüche an das Kind herunterschrauben müssen. Falsche Erwartungen werden gebremst. Aber: Stempeln Eltern ein Kind aufgrund einer ärztlichen Diagnose als *hirngeschädigt* oder *beschränkt aufnahmefähig* ab, besteht die Gefahr, daß Eltern aufgeben, daß sie sich auf die Diagnose berufen und das Kind in seiner Leistungsschwäche bestärken. Das Kind selbst *glaubt* an seine Schwäche und seine Störung und versteckt sich unter Umständen hinter dieser Realität und mindert seine Fähigkeiten und Möglichkeiten. Es wird mutlos. Es gibt auf.

10

Freude am Leben und am Lernen

Beide Dinge gehören zusammen: Die Freude am Leben *und* die Freude am Lernen. Josef Pieper drückt es so aus: „Wer nichts und niemanden liebt, kann sich unmöglich freuen... Freude ist die Antwort, daß einem Liebenden zuteil wird, was er liebt."

Was Menschen lieben, beglückt sie, was Menschen mögen, macht sie froh. Das gilt für Sachen und Personen. Das gilt für Eltern und Kinder. Eltern, die echt und ehrlich ihr Kind lieben, haben Freude an ihm. Und wenn sie keine Freude an ihm haben? Könnte es sein, daß sie es nicht von Herzen lieben?

Gelingt es Eltern und Erziehern, ihr Kind so wertzuschätzen und zu lieben, daß es sich uneingeschränkt geliebt fühlt? Können Eltern an sich arbeiten, um zuversichtlicher die Leistungen des Kindes zu beurteilen? Können Eltern sich Mühe geben, mehr an ihr Kind zu glauben? Wollen sie es lernen, positive Erwartungen zu haben und ermutigend die Arbeit in der Schule zu begleiten?

Die eigene Kurskorrektur korrigiert die Einstellung der Kinder zur Schularbeit *und* zum Leben.

Nach dem Wörterbuch hat Freude am Leben etwas mit Begierde, mit Vergnügen und Gemeinschaft zu tun. Wie ist das zu verstehen? Wer sich freut, hat Interesse an einer Sache oder an einer Person. Er zeigt Begierde.

Und wer Interesse zeigt, will dazugehören, will dazwischen sein, will Anschluß an die Gemeinschaft haben.

Freude wirkt sich aus, wenn beispielsweise ein Kind Interesse am Lernen und am Leben hat. Es fühlt sich akzeptiert, bestätigt und bejaht. Freude ist die *Folge,* nicht die Ursache irgendeines Erfolgserlebnisses. Wem Gemeinschaft gelingt, ist glücklich. Wer bestätigt wird, ist froh. Wer eine Aufgabe bewältigt, hat Freude. Wer etwas anfängt und ermutigt wird, steigert seine frohe Erwartung. Er gewinnt Freude am Arbeiten und damit Freude am Leben.